Kürbis

ANNA WALZ

Kürbis

UNSER LIEBLINGSGEMÜSE

FOTOS VON MANUELA RÜTHER

Edition Fackelträger

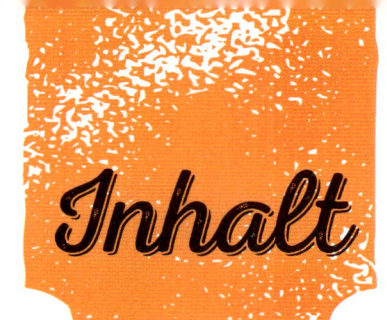

Inhalt

Das Wichtigste zuerst: alles über den Kürbis

BUTTERNUT-KÜRBIS

TÜRKENTURBAN

GELBER ZENTNER

SPAGHETTIKÜRBIS

MUSKATKÜRBIS

HOKKAIDO

Das Wichtigste zuerst: alles über den Kürbis

Ursprünglich stammt der Kürbis aus Amerika. Er wurde von den süd- und mittelamerikanischen Indios schon vor Mais und Bohnen kultiviert. Als Folge der Kolonialisierung gelangten die ersten Kürbissamen in europäische Klostergärten.

Der Kürbis ist im botanischen Sinne eine Beere und zählt zu den Kürbisgewächsen, die mehr als 100 Gattungen und über 800 verschiedene Arten in Gelb, Rot oder Schwarz zählen. Davon gehören nicht alle zu den Speisekürbissen. Die Vielfalt an Formen, Farben und Gewichtsklassen ist einfach riesig. Mal ist er gestreift oder gesprenkelt, mal oval, rund oder flaschenförmig. Auch seine Oberflächenstruktur ist unterschiedlich – die Schale kann glatt, geriffelt oder warzig sein. Der weltweit größte Kürbis brachte im Jahr 2013 ein Gewicht von 1054 Kilogramm auf die Waage.

Mit etwas 25 Kilokalorien pro 100 Gramm Fruchtfleisch zählen Kürbisse zu den kalorienarmen Gemüsen: Sie bestehen zu ca. 90 Prozent aus Wasser und sind nicht nur reich an Spurenelementen, Mineralstoffen wie Zink und den Vitaminen A, D, E und C. Sie stärken auch das Immunsystem und sind gut für die Muskeln. Ihr Fruchtfleisch, die Kerne und das daraus gewonnene Öl strotzen vor gesundheitsfördernden Eigenschaften.

Im Folgenden werden die wichtigsten und gängigsten essbaren Kürbissorten vorgestellt.

Hokkaido

HERKUNFT

Dieser Riesenkürbis wurde nach seiner ursprünglichen Heimat, der japanischen Insel Hokkaido, benannt. Die Inselbewohner züchteten ihn aus dem gegen Ende des 19. Jahrhunderts von den Amerikanern dort eingeführten Reisnusskürbis. Heute wird er in Europa, seit den 1990er-Jahren auch in Deutschland, angebaut.

AUSSEHEN

Mit einem Gewicht von 1–2 Kilogramm ist der Hokkaido deutlich kleiner als die meisten seiner Verwandten. Die Form erinnert an eine Zwiebel, seine Schale ist meist orange, seltener auch dunkelgrün. Sie ist so dünn, dass sie vor dem Verzehr nicht abgeschält werden muss und ohne Bedenken mitgegessen werden kann. Das feste, faserarme Fruchtfleisch ist hell- bis dunkelorange. Mit einem leicht nussigen Geschmack, der an Maronen erinnert, ist der Hokkaido am aromatischsten.

LAGERUNG

Da der Hokkaido bei guten Bedingungen bis zu 1 Jahr haltbar ist, wird er auch außerhalb der Saison angeboten. Anhand einer Klopfprobe können Sie feststellen, ob der Kürbis den richtigen Reifegrad hat. Hören Sie ein hohles Geräusch, ist der Kürbis reif. Bei kühler und trockener Lagerung ist der Hokkaido zwischen 6 und 8 Wochen haltbar. Bereits geschnittene Stücke sollten Sie mit Frischhaltefolie abgedeckt im Kühlschrank aufbewahren und nach 3–4 Tagen verzehren. Der Hokkaido kann auch problemlos in rohem Zustand eingefroren werden.

IN DER KÜCHE

Beim Kochen und Backen ist der Hokkaido vielseitig einsetzbar. Ob Suppe, Püree, Auflauf, Beilage oder vegetarisches Hauptgericht – er schmeckt gebraten oder geschmort genauso gut wie gekocht oder überbacken.

Muskatkürbis

HERKUNFT

Der Muskatkürbis zählt zu den sogenannten Moschuskürbissen. Ursprünglich stammt er aus Mittel- und Südamerika – in Peru und Mexiko ist der Muskatkürbis seit ca. 4000 Jahren bekannt. Heute ist er im Südosten der USA und in allen Ländern mit tropischem Klima die am häufigsten angebaute Kürbissorte.

AUSSEHEN

Die stark gerippte Schale des Muskatkürbisses variiert zwischen dunkelgrün, beige-hellbraun und selten auch tieforange. Sein Fruchtfleisch ist kräftig orange bis lachsfarben. Aufgrund seines Gewichts von bis zu 40 Kilogramm wird der Muskatkürbis auch in kleineren Stücken verkauft. Seinem angenehm würzigen Duft und dem Geschmack nach Muskat verdankt der Kürbis seinen Namen.

LAGERUNG

Der Muskatkürbis schmeckt am besten, wenn er noch nicht voll ausgereift ist. Den Reifegrad erkennen Sie an der Schale: Im unreifen Zustand ist das Gemüse dunkelgrün, mit der Zeit färbt es sich beige oder orange. Ganze Muskatkürbisse sind bei kühler und trockener Lagerung bis zu ½ Jahr haltbar. Angeschnittene Stücke sollten in Frischhaltefolie gewickelt im Kühlschrank aufbewahrt und nach 3–4 Tagen verzehrt werden.

IN DER KÜCHE

Der Muskatkürbis ist ausgesprochen vielseitig einsetzbar. Sein Fruchtfleisch schmeckt in Suppen, Salaten, mit Kartoffeln gemixt zu Püree, in Chutneys, Aufläufen oder Omelett. Aufgrund seines fruchtig-süßen Aromas eignet er sich besonders gut für Süßspeisen und zur Herstellung von Marmelade.

Butternut-Kürbis

HERKUNFT

Ursprünglich stammt der Butternut-Kürbis aus Südamerika. Inzwischen wächst er an den typischen hohen Reben auch in vielen anderen Ländern mit warmem Klima bzw. teilweise in Treibhäusern. Er ist das ganze Jahr über zu kaufen, außerhalb des Herbstes wird er jedoch meist aus Südafrika, Argentinien oder Uruguay importiert.

AUSSEHEN

Der Butternut-Kürbis wiegt zwischen 1 und 2 Kilogramm und ist leicht an seiner Birnenform mit langem Hals und dickem Boden zu erkennen. Seiner Form hat er den Zweitnamen „Birnenkürbis" zu verdanken. Die Schale ist cremefarben, hellgelb bis beige und kann sowohl genoppt als auch ganz glatt sein. Das Fruchtfleisch ist orange, enthält relativ wenige Kerne und verspricht einen buttrigen, leicht nussigen Geschmack.

LAGERUNG

Um ein möglichst vollmundiges Aroma zu erreichen, wählen Sie am besten einen vollreifen Butternut-Kürbis. Im optimalen Reifezustand färbt sich seine Schale dunkler, die Frucht ist dann etwa 25 Zentimeter lang. Ob die Schale glatt oder genoppt ist, spielt dabei keine Rolle.
Bei kühler und trockener Lagerung hält sich ein ganzer Kürbis mehrere Monate. Bereits angeschnittene Stücke können Sie in Frischhaltefolie gewickelt 3–4 Tage im Kühlschrank aufbewahren. Er lässt sich auch ohne Probleme einfrieren.

IN DER KÜCHE

Der Butternut-Kürbis eignet sich vor allem für Suppen, Pürees, Gratins, Kuchen und andere Nachtische. Generell gilt er als sehr verträglich und kann als Babybrei schon den Kleinsten zubereitet werden.
Wer Lust zum Experimentieren hat, kann beim Kochen tief ins Gewürzregal greifen. Das milde Fruchtfleisch verträgt kräftige Aromen wie Knoblauch, Curry, Chili oder frische Kräuter.

Gelber Zentner

ALLGEMEIN

Der Gelbe Zentner zählt zu den bekanntesten Riesenkürbissen, und sein Name kommt nicht von ungefähr: Die Riesenfrucht liefert bis zu 50 Kilogramm Fruchtfleisch und ist damit ertragreicher als kaum ein anderer Speisekürbis. Während der Gelbe Zentner früher vorrangig als Kuhfutter verwendet wurde, gehört er heute zu den beliebtesten Speisekürbissen überhaupt.

AUSSEHEN

Mit einer Größe von etwa ½ Meter und 25–30, in Ausnahmefällen sogar 50 Kilogramm Gewicht muss sich der Gelbe Zentner vor anderen Kürbissorten nicht verstecken. Seine Schale, die glatt bis fein genetzt oder gerippt sein kann, ist gelblich bis hellorange. Charakteristisch ist zudem sein gelboranges, wasserreiches Fruchtfleisch, das beim Kochen zerfällt und eher mehlig sowie nicht so süß schmeckt. Sein Aroma ist umso intensiver, je kleiner er ist.

LAGERUNG

Aufgrund seiner Größe wird der Gelbe Zentner auf dem Markt meist in Scheiben verkauft. Während sich andere Kürbissorten bei entsprechender Lagerung bis zu ½ Jahr halten, kann der Gelbe Zentner etwa 2–3 Monate bei mindestens 15 Grad aufbewahrt werden.

IN DER KÜCHE

Früher war der Gelbe Zentner häufig als Einmachkürbis bekannt, da sein weiches Fleisch besonders gut Essenzen aufnehmen kann.

Er eignet sich aber auch für die Zubereitung von Suppen, Kuchen, Marmelade, Chutney und Gebäck. Seine Schale ist essbar und nicht sehr hart, sodass er sich leicht mit einem Löffel aushöhlen lässt. Auch die Kerne können verzehrt werden und sind außerdem sehr gesund. Getrocknet schmecken sie nussartig.

Türkenturban

HERKUNFT

In seinem ursprünglichen Wildvorkommen galt der Türkenturban, der auch Bischofsmütze genannt wird, als Zierkürbis und war nicht essbar. Erst zahlreiche Züchtungen sorgten für den angenehm süßlich-würzigen Geschmack. Typisch für den Türkenturban ist seine besondere Form, der er seinen Namen verdankt. Durch seine knallige orange-hellgelbe, mit grünen Streifen durchsetzte Farbe erinnert er sehr stark an einen Turban.

AUSSEHEN

Der Blütenansatz des Türkenturbans bleibt während des Wachstums als Ring bestehen. Darum bildet sich das feste, wulstige Fruchtfleisch. Durch seine Form und die harte Schale kann der Kürbis schlecht geschnitten werden. Daher wird der Türkenturban oft nur ausgehöhlt und als dekorative Terrine für Kürbissuppe verwendet. Sein festes Fruchtfleisch ist eher trocken und schmeckt neutral.

LAGERUNG

Bei kühler und trockener Lagerung hält sich der Türkenturban bis zu 3 Monaten. Einmal angeschnittene Stücke sollten in Frischhaltefolie gewickelt im Kühlschrank aufbewahrt und innerhalb von 3–4 Tagen verzehrt werden.

IN DER KÜCHE

Die Verwachsungen von Blütenansatz und Fruchtfleisch erschweren das Zerschneiden des Türkenturbans. Daher wird er meist ausgehöhlt und mit Suppe oder Reis gefüllt. Der Kürbis eignet sich aber auch für die Zubereitung von Schmorgerichten.

Baby Bear

ALLGEMEIN

Wie sein Name schon verrät: Mit einer Größe von ca. 10 Zentimetern gehört der Baby Bear zu den kleinsten essbaren Kürbissorten.

AUSSEHEN

Der Baby Bear besitzt eine flach-runde, leicht gerippte Form sowie eine bräunlich-orange Schale. In der Regel bringt der Minikürbis 2–4 Kilogramm auf die Waage, dennoch ist er sehr ertragreich. Charakteristisch sind die dunkelgelbe Farbe seines dünnen Fruchtfleisches und der süßliche Geschmack.

LAGERUNG

Zum Lagern des Baby Bears eignet sich am besten ein kühler, gut durchlüfteter und dunkler Raum. So aufbewahrt, beträgt die Lagerzeit zwischen 2 und 3 Monaten.

IN DER KÜCHE

Baby-Bear-Kürbisse eignen sich für die Zubereitung von Suppen, Eintöpfen oder Pürees. Sie sind aber auch ideal zum Backen: Neben Kuchen kann ihr Fruchtfleisch auch für die Herstellung von Konfitüren verwendet werden.

Spaghettikürbis

ALLGEMEIN

Seinen Namen verdankt der Spaghettikürbis den langen, dünnen Fasern, die nach dem Kochen Spaghetti ähneln.

AUSSEHEN

Die 20–30 Zentimeter lange zylinderartige Form und seine grün-gelbliche Färbung sind charakteristisch für den Spaghettikürbis. Im Durchschnitt erreicht er ein Gewicht zwischen 1,5 und 3 Kilogramm. Sein Aroma ist süß und nussig. Das Fruchtfleisch ist hellgelb und verfügt über lange Spaghetti-ähnliche Faser.

LAGERUNG

Beim Kauf sollten Sie eher kleine Exemplare mit Stiel und unversehrter Schale, die beim Klopfen hohl klingt, auswählen. Der Kürbis sollte reif sein, da sich ansonsten die Fasern, aus denen die Spaghetti entstehen, noch nicht herausgebildet haben. Spaghettikürbisse lassen sich an einem dunklen Ort bei Temperaturen zwischen 10 und 15 Grad bis zu 3 Monaten lagern. Ein bereits angeschnittener Kürbis kann bis zu 1 Woche im Kühlschrank aufbewahrt werden. Zum Einfrieren sollten größere Portionen verwendet werden, da der Kürbis beim Auftauen viel Wasser verliert.

IN DER KÜCHE

Der Spaghettikürbis ist ein richtiges Allround-Talent in der Küche. Im Gegensatz zu anderen Sorten wird er nicht in Stücke geschnitten, sondern stattdessen entweder im Ganzen gekocht oder halbiert. Achten Sie darauf, dass die Fasern möglichst unbeschädigt bleiben, da das Fruchtfleisch während der Zubereitung weich wird und zerfällt. Die Garzeit hängt dabei von der Größe des Kürbisses ab.
Er schmeckt besonders gut als Zutat in Salaten, zum Backen, Braten, Pürieren, Gratinieren und als Einlage für Suppen. Roh sollte er allerdings nicht verzehrt werden.

Für den kleinen Hunger

Kürbispüree
(Grundrezept)

ZUTATEN

ca. 1 kg Kürbis

ZUBEREITUNG

Den Backofen auf 180 °C (160 °C Umluft) vorheizen. Den Kürbis waschen und trocknen. Mit einem großen Messer vorsichtig halbieren und mit einem Löffel entkernen. Bei großen Kürbissen, z. B. dem großen Zentner oder dem Muskatkürbis, dicke Spalten schneiden. Ein Backblech mit Backpapier auslegen und die Kürbishälften bzw. -spalten mit der Schnittfläche nach unten auf das Blech legen.

Den Kürbis für 35–55 Minuten schmoren. Mit einer Gabel sollte das Fruchtfleisch ganz leicht abgekratzt werden können. Die Kürbishälften bzw. -spalten etwas abkühlen lassen. Dann mit einem Löffel das Fruchtfleisch herauskratzen und dieses mit einem Stabmixer fein pürieren. Je nach Kürbissorte wird das Püree fester oder flüssiger. Gekühlt hält es sich ca. 5 Tage. Es kann aber auch sehr gut in kleinen Portionen eingefroren und nach Bedarf als Suppenbasis oder zum Backen verwendet werden.

Wenn es mal schnell gehen muss, kann der Kürbis auch alternativ entkernt, geschält und in kleine Stücke geschnitten werden. Die Stücke mit wenig Wasser in einen Topf geben und abgedeckt bei kleiner Hitze 10–12 Minuten dünsten. Etwas ausdämpfen lassen, das Wasser sollte verdunstet sein, dann ebenfalls pürieren. Diese Methode geht schneller, der Kürbis wird aber beim Schmoren im Ofen aromatischer und das Püree meist trockener.

Kürbis-Salbei-Brot

ZUBEREITUNG

Den Kürbis entkernen, schälen und in ca. 2 cm große Würfel schneiden. Kürbiswürfel im Olivenöl anbraten, ca. 100 ml Wasser angießen und die Würfel abgedeckt bei mittlerer Hitze ca. 5 Minuten halbgar kochen. Abgießen und abkühlen lassen.

Die Salbeiblätter waschen, trocknen und grob schneiden. Alle Zutaten bis auf Kürbis, Salbei und Salz in die Schüssel einer Küchenmaschine mit Knethaken füllen. Nach und nach 270–300 ml warmes Wasser zufügen und dabei auf kleinster Stufe kneten. Der Teig sollte feucht sein, sich aber, sobald er glatt ist, vom Schüsselrand lösen. 5 Minuten auf kleinster Stufe kneten, dann 3 Minuten auf mittlerer Stufe. Die restlichen Zutaten hinzufügen und weitere 2 Minuten kneten. Der Teig ist etwas klebrig.

Den Teig in eine mit Olivenöl gefettete Schüssel geben und 2 Stunden abgedeckt gehen lassen. Den Teig jeweils nach 1 Stunde und 1½ Stunden in der Schüssel mit einem Teigschaber falten.

Den Backofen auf 250 °C (Umluft nicht empfehlenswert) vorheizen. Dabei einen Pizzastein oder ein umgedrehtes Backblech und eine ofenfeste Schale mit Wasser mit vorheizen. Teig auf etwas Mehl rundwirken. Mit der Naht nach unten in ein bemehltes Gärkörbchen oder in eine mit einem bemehlten Küchentuch ausgelegte Schüssel setzen und so lange gehen lassen, bis der Ofen aufgeheizt ist.

Den Brotlaib auf ein mit Maisgrieß ausgestreutes Brett stürzen. Mit Wasser besprühen, mit Grieß bestreuen und kreuzweise tief einschneiden. Die Wasserschale aus dem Ofen entfernen und den Laib auf den Pizzastein oder das Blech schieben. Die Temperatur nach 15 Minuten auf 220 °C reduzieren und das Brot weitere 20 Minuten zu Ende backen. Eine Klopfprobe machen, um zu überprüfen, ob das Brot fertig gebacken ist. Auf einem Rost vollständig auskühlen lassen.

ZUTATEN

250 g fester Kürbis, z. B. Gelber Zentner oder Hokkaido

1 EL Olivenöl

8 Salbeiblätter

500 g Weizenmehl (Type 550) zzgl. etwas für die Arbeitsfläche

35 g flüssiger Sauerteig, gekauft oder selbst angesetzt

10 g frische Hefe

10 g Salz

Maisgrieß zum Bestreuen

Olivenöl zum Einfetten

Tipp
Bei der Klopfprobe wird der Boden des Brotes abgeklopft. Klingt dieser hohl, ist das Brot durchgebacken.

1 KLEINES GLAS
(CA. 200 G)
20 MINUTEN

Tipp
Das Pesto passt zu Nudeln oder auch als Dip zu Fleisch und Fisch.

Kürbiskernpesto

ZUTATEN

70 g Kürbiskerne

40 g Parmesan

4 Petersilienstiele

ca. 15 Basilikumblätter

½ kleine Knoblauchzehe

ca. 100 ml Olivenöl

Salz

frisch gemahlener schwarzer Pfeffer

ZUBEREITUNG

Die Kürbiskerne in einer Pfanne trocken rösten, bis sie anfangen zu duften. Sofort auf einem Teller abkühlen lassen. Parmesan reiben. Petersilie und Basilikum waschen, trocknen und die Petersilie von den Stielen zupfen.

Alle Zutaten bis auf Olivenöl, Salz und Pfeffer in einen kleinen Mixer oder einen Mörser füllen. Nach und nach das Olivenöl zugeben und alles zu einem sämigen Pesto mixen oder zerstoßen. Mit Salz und Pfeffer würzen.

Tipp
Wer das Pesto länger aufbewahren möchte, füllt es in ein Glas, streicht es glatt und bedeckt die Oberfläche großzügig mit Olivenöl. Verschlossen kann das Glas im Kühlschrank mind. 1 Monat gelagert werden.

Süßsaurer Kürbis

ZUBEREITUNG

Den Kürbis entkernen, schälen und in ca. 4 x 4 cm große Würfel schneiden. Die Zwiebel schälen, halbieren und in Spalten schneiden. Den Knoblauch schälen und in Scheiben schneiden.

Öl in einem Topf erhitzen. Kürbis, Zwiebel, Knoblauch, Senfsaat, Currypulver und Zucker unter Rühren 3–4 Minuten anrösten. Mit Essig und 200 ml Wasser ablöschen. Hitze reduzieren und abgedeckt bei mittlerer Hitze 10–12 Minuten dünsten, bis der Kürbis weich ist.

Inzwischen die Chilischote entkernen und in feine Ringe schneiden. Chili in den letzten 2 Minuten zugeben und mitköcheln lassen. Kürbis direkt zu gebratenem Fleisch, Fisch oder deftigen Eintopfgerichten servieren oder in heiß ausgespülte Gläser füllen und verschlossen ca. 1 Woche im Kühlschrank aufbewahren.

ZUTATEN

800 g Butternut-Kürbis

1 Zwiebel

2 Knoblauchzehen

2 EL Öl

1 EL Senfsaat

1 EL scharfes Currypulver

2 EL Zucker

5 EL weißer Essig, z. B. Apfelessig

½–1 Chilischote

Kürbis-Curry-Waffeln

ZUTATEN

60 g Butter

2 Eier

250 ml Vollmilch

200 g Weizenmehl (Type 405)

250 g Kürbispüree (dafür werden ca. 500 g Kürbis benötigt, Rezept S. 18)

2 TL Backpulver

½ TL Salz

2 TL scharfes Currypulver

½ TL gemahlene Nelken

Öl zum Einfetten

ZUBEREITUNG

Ein Waffeleisen vorheizen. Butter langsam schmelzen und etwas abkühlen lassen. Alle restlichen Zutaten bis auf das Öl gut verquirlen, sodass ein glatter Teig entsteht. Die Butter unterrühren. Teig 10 Minuten quellen lassen.

Das Waffeleisen leicht ölen und den Teig einfüllen. Die Waffeln knusprig ausbacken und am besten noch warm genießen. Dazu passt Kräuterquark oder knuspriger Bacon mit Ahornsirup.

Kürbis-Gewürz-Butter

ZUBEREITUNG

Die Vanilleschote längs halbieren und das Mark herauskratzen. Kardamomkapseln im Mörser anstoßen, die Schale entfernen und die Samen fein mahlen. Alle Zutaten in einen großen Topf füllen und unter Rühren aufkochen.

Den Deckel halb auflegen und die Kürbis-Gewürz-Butter auf kleinster Stufe einkochen lassen. Dabei ab und zu umrühren. Sternanis und Vanilleschote entfernen. Die Kürbis-Gewürz-Butter in zwei saubere, heiß ausgespülte Gläser füllen, verschließen und für 20 Minuten auf den Kopf stellen. Sie hält sich 2–3 Wochen im Kühlschrank, eingefroren für mindestens 6 Monate.

ZUTATEN

½ Vanilleschote

1–2 Kardamomkapseln

800 g Kürbispüree (dafür werden ca. 1,5 kg Kürbis benötigt, Rezept S. 18)

170 ml Ahornsirup

120 ml Apfelsaft

2 EL Zitronensaft

½ TL frisch geriebene Muskatnuss

1 TL gemahlener Ingwer

1 Sternanis

1–2 EL Rum nach Belieben

Salz

Knusprige Kürbischips

ZUTATEN

500 g fester Kürbis, z. B. Türkenturban
oder Hokkaido

3 EL Olivenöl

1 TL geräuchertes Paprikapulver

1 TL rosenscharfes Paprikapulver

Salz

ZUBEREITUNG

Den Backofen auf 180 °C Umluft vorheizen. Kürbis entkernen, waschen bzw. eventuell schälen und sehr dünn hobeln. In einer Schüssel mit Öl, Paprikapulver und Salz mischen. Ein Backblech mit Backpapier auslegen und die Kürbisscheiben darauf nebeneinander auslegen. Eventuell zwei Bleche benutzen.

Das Backblech in den heißen Ofen schieben und die Kürbisscheiben 5–8 Minuten backen. Dann die Temperatur auf 150 °C reduzieren, einen Kochlöffelstiel in die Tür schieben, damit die Feuchtigkeit entweichen kann, und die Chips 30–40 Minuten trocknen lassen. Sie sollten nicht zu dunkel werden.

Die Kürbischips auf Küchenpapier abkühlen lassen und am besten gleich verzehren, damit sie richtig knusprig sind.

Blätterteig-Ravioli mit Gorgonzola

ZUBEREITUNG

Den Backofen auf 210 °C (190 °C Umluft) vorheizen. Kürbis entkernen, schälen und in ca. 2 x 2 cm große Würfel schneiden. Zwiebel schälen und fein würfeln. Spinat putzen, waschen und in Streifen schneiden.

Das Öl in einer Pfanne erhitzen und die Kürbiswürfel darin 1–2 Minuten anbraten. Zwiebelwürfel und Spinat dazugeben und die Pfanne abdecken. Bei mittlerer Hitze ca. 5 Minuten braten lassen. Mit Muskatnuss, Salz und Pfeffer würzen. Gorgonzola in kleine Stücke schneiden und in die noch warme Gemüsemischung einrühren.

Blätterteig ausrollen, in acht gleich große Stücke schneiden und diese auf ein mit Backpapier ausgelegtes Backblech legen. Das Ei trennen. Die Gemüsefüllung jeweils auf dem unteren Ende der Blätterteigstücke verteilen und die Teigränder rundherum mit Eiweiß einpinseln. Die obere Teighälfte über die Füllung klappen und die Ränder mit einer Gabel zusammendrücken.

Eigelb mit 1 TL Wasser verrühren und damit den Teig einstreichen. Die Taschen mit der Gabel einmal einstechen. Im heißen Ofen ca. 15 Minuten goldgelb backen.

ZUTATEN

250 g Muskatkürbis

1 kleine Zwiebel

100 g Blattspinat

2 EL Olivenöl

70 g Gorgonzola

1 Rolle frischer Blätterteig (aus dem Kühlregal)

1 Ei

frisch geriebene Muskatnuss

Salz

frisch gemahlener schwarzer Pfeffer

Kürbis-Gewürz-Latte-Macchiato

ZUTATEN

80 g Kürbispüree (dafür werden ca. 160 g
Kürbis benötigt, Rezept S. 18)

2 EL Honig

½ TL gemahlener Zimt

½ TL gemahlener Ingwer

1 Prise gemahlener Kardamom

300 ml Milch

4 Espresso oder stark gekochter Kaffee
(ca. 30 ml pro Glas)

ZUBEREITUNG

Das Kürbispüree durch ein feines Sieb drücken, damit später keine kleinen Stückchen im Latte Macchiato sind. Honig mit den Gewürzen verrühren. Beides gleichmäßig auf vier Gläser verteilen.

Die Milch in einem Milchaufschäumer oder in einem Topf mit einem Schneebesen erhitzen und dabei schaumig rühren. Sie sollte nicht aufkochen. Milch ebenfalls in die Gläser füllen. Dabei darauf achten, dass der Schaum gleichmäßig verteilt wird.

Nun den Espresso vorsichtig einlaufen lassen. Je langsamer, desto größer ist die Chance, dass die einzelnen Schichten eines Latte Macchiato zu erkennen sind. Mit langen Löffeln umrühren und sofort servieren.

Kürbishummus

ZUBEREITUNG

Den Kürbis entkernen, schälen und klein würfeln. Kürbiswürfel im Olivenöl anbraten, etwas Wasser angießen und die Pfanne abdecken. Den Kürbis 5–8 Minuten weich dünsten, bis das Wasser verdunstet ist.

Knoblauch in der Schale leicht zerdrücken. Den Knoblauch in einer zweiten Pfanne ohne Öl auf kleinster Stufe rösten, dabei mehrmals wenden. Nach 10 Minuten den Knoblauch aus der Pfanne nehmen, schälen und grob hacken. Koriandersaat und Kreuzkümmel kurz in der Pfanne anrösten, bis sie duften, und im Mörser fein zermahlen.

Alle Zutaten in einen Mixer geben und fein pürieren. Mit Salz, Pfeffer und Zitronensaft würzen. Hummus in eine Schüssel füllen und mit etwas Olivenöl beträufelt servieren.

ZUTATEN

250 g Butternut-Kürbis

4 EL Olivenöl

1–2 Knoblauchzehen

1 TL Koriandersaat

½ TL Kreuzkümmel

220 g Kichererbsen, abgetropft

Salz

frisch gemahlener schwarzer Pfeffer

Zitronensaft zum Abschmecken

Olivenöl zum Anrichten

Gyoza – Japanische Teigtaschen

ZUTATEN

200 g Hokkaido

15 g Ingwerwurzel

1 Knoblauchzehe

2 Frühlingszwiebeln

1 kleiner Sternanis

1 TL Szechuanpfeffer, alternativ schwarze Pfefferkörner

½ TL gemahlener Zimt

¼ TL gemahlene Nelken

200 g gemischtes Hackfleisch

5 EL Sojasauce

25 Gyoza-Blätter (aus dem Asialaden)

2 EL Pflanzenöl

1 EL Reisessig, alternativ Apfelessig oder weißer Balsamico

Zucker

Tipp

Anstatt die Gewürzmischung selbst zuzubereiten, kann auch eine Fünf-Gewürze-Mischung aus dem Asialaden verwendet werden.

ZUBEREITUNG

Den Kürbis entkernen, schälen und fein reiben. Ingwer und Knoblauch ebenfalls schälen und fein reiben. Frühlingszwiebeln putzen, waschen und in feine Ringe schneiden. Die Gewürze in einem Mörser zu einem feinen Pulver zermahlen. Gemüse, 2 TL Gewürzmischung und das Hackfleisch gut mischen. Mit 2 EL Sojasauce würzen.

Die Gyoza-Blätter auf einer Arbeitsfläche ausbreiten. Je 1 gehäuften TL der Füllung auf die Mitte der unteren Teighälfte geben. Den Rand rundherum mit Wasser bestreichen, die obere Teighälfte über die untere klappen und den Rand fest andrücken. Alle Teigtaschen auf diese Art füllen und verschließen.

Das Öl in einer beschichteten Pfanne mit passendem Deckel erhitzen. Die Teigtaschen mit dem Rand nach oben in die Pfanne setzen und anbraten, bis sie eine Kruste bekommen. 1 kleine Tasse Wasser angießen, den Deckel aufsetzen und die Taschen bei mittlerer Hitze dämpfen, bis das Wasser verdunstet ist und sie erneut eine Kruste bekommen. Passen nicht alle Teigtaschen in die Pfanne, in zwei Portionen braten oder zwei Pfannen verwenden.

Währenddessen die restliche Sojasauce und den Reisessig mit 3 EL Wasser verrühren und mit Zucker würzen. Die Teigtaschen mit einem Pfannenheber aus der Pfanne nehmen und auf Teller verteilen. Dazu die Sauce reichen.

Tipp

Die Gyoza-Blätter können auch vor dem Braten gut eingefroren werden, wenn nicht alle sofort zubereitet werden.

Geröstete Kürbiskerne

ZUBEREITUNG

Den Ofen auf 200 °C (180 °C Umluft) vorheizen. Ein Backblech mit Backpapier auslegen. Alle Zutaten in einer Schüssel gut vermischen und gleichmäßig auf dem Backpapier verteilen.

Die gewürzten Kürbiskerne im heißen Ofen ca. 10 Minuten rösten. Nach 5 Minuten mit einem Kochlöffel durchrühren und erneut in den Ofen geben. Kürbiskerne mit dem Backpapier vom Blech heben und vollständig auskühlen lassen. Luftdicht aufbewahren.

ZUTATEN

200 g Kürbiskerne

15 ml Öl

½ TL Salz

1 TL Cayennepfeffer

½ TL geräuchertes Paprikapulver

1 ½ TL Currypulver

2 TL feiner brauner Zucker

Tipp
Hier kann man sehr gut mit seinen Lieblingsgewürzen experimentieren!

Cremiger Kürbis-Smoothie

ZUTATEN

50 g Cashewkerne

150 g Butternut-Kürbis

150 g Ananas

1 Apfel

ca. 500 ml Ananas- oder Orangensaft

ZUBEREITUNG

Cashewkerne für ca. 1 Stunde einweichen. Kürbis entkernen, schälen und würfeln. Ananas schälen, den Strunk herausschneiden und die Ananas ebenfalls würfeln. Apfel entkernen, waschen und klein schneiden.

Cashewkerne abgießen und alle Zutaten mit etwas Ananas- oder Orangensaft zu einem glatten Püree mixen. Nach und nach den restlichen Saft dazugeben, bis die gewünschte Konsistenz erreicht ist. Smoothies dicken meist noch etwas nach, deshalb ruhig etwas flüssiger mixen. Am besten sofort genießen.

Tipp

Wer keinen guten Standmixer hat, kann den Kürbis auch vor dem Mixen für 5–8 Minuten dämpfen und kurz abkühlen lassen. So lässt er sich auch mit einem Pürierstab gut verarbeiten.

Hauptgerichte, die satt und glücklich machen

Kürbis-Salsiccia-Eintopf

ZUTATEN

600 g frische Salsiccia

3 Zwiebeln

1 ½ kg fester Kürbis, z. B. Gelber Zentner
oder Hokkaido

3 kleine feste Birnen

2–3 EL Olivenöl

50 ml Weißwein

1,2 l Gemüsebrühe

½ Bund Thymian

30 g Butter

300 g Crème fraîche

abgeriebene Schale von ½ unbehandelten
Zitrone

Salz

frisch gemahlener schwarzer Pfeffer

ZUBEREITUNG

Salsiccia leicht anschneiden und die Haut abziehen. Aus dem Brät Bällchen formen. Zwiebeln schälen und fein würfeln. Kürbis entkernen, schälen und in mundgerechte Würfel schneiden. Birnen heiß waschen, entkernen und ebenfalls in Stücke schneiden.

Die Bällchen in Olivenöl rundherum anbraten und aus dem Topf nehmen. Zwiebeln anschwitzen und mit Weißwein ablöschen. Gemüsebrühe angießen, den Kürbis zufügen und ca. 10 Minuten köcheln lassen.

Thymianblättchen abzupfen, waschen, trocknen und dazugeben. Brühe mit Salz und Pfeffer würzen. Wenn der Kürbis weich ist, Hitze ausschalten. Die Salsiccia-Bällchen in die Brühe geben und abgedeckt 5–8 Minuten ziehen lassen.

Butter in einer Pfanne zerlassen und die Birnenwürfel darin anbraten. Crème fraîche mit Zitronenschale verrühren und mit Salz und Pfeffer würzen. Eintopf auf Suppenschüsseln verteilen und mit Birnenwürfeln und Crème fraîche anrichten.

Kürbispuffer mit Zitronenquark

ZUBEREITUNG

Kartoffeln und Kürbis schälen. Kürbis entkernen. Beides grob reiben und mit Salz mischen. Kurz stehen lassen, dann durch ein Sieb gut ausdrücken. Die Kartoffel-Kürbis-Raspel mit Eiern, Macis und Pfeffer mischen. Petersilie und Basilikum waschen und trocken schleudern. Beides fein hacken und ebenfalls untermischen.

Etwas Öl in einer Pfanne erhitzen. Jeweils 1 EL der Kartoffel-Kürbis-Raspel ins heiße Öl geben und bei mittlerer Hitze zu knusprigen Puffern ausbacken. Auf Küchenpapier abtropfen lassen.

Währenddessen Quark mit Milch und Zitronenschale glatt rühren und mit Salz und Pfeffer würzen. Die Kürbispuffer am besten noch heiß mit dem Quark servieren.

ZUTATEN

200 g Kartoffeln

400 g fester Kürbis, z. B. Gelber Zentner oder Türkenturban

2 Eier

1 Prise Macis

2 Petersilienstiele

ca. 8 Basilikumblätter

150 g Quark

1–2 EL Milch

abgeriebene Schale von ½ unbehandelten Zitrone

Salz

frisch gemahlener schwarzer Pfeffer

Öl zum Braten

Spaghetti mit Haselnusspesto und Kürbis

ZUTATEN

50 g Haselnusskerne

40 g Pecorino, alternativ Parmesan, zzgl. etwas zum Bestreuen

50 ml Olivenöl zzgl. 2 EL zum Braten

1,2 kg Butternut-Kürbis

200 ml Orangensaft

ca. 400 g Spaghetti

1–2 Knoblauchzehen

½ Rosmarinzweig

Chiliflocken

Salz

frisch gemahlener schwarzer Pfeffer

ZUBEREITUNG

Haselnüsse grob hacken oder in einem Mixer fein mahlen. Nüsse in einer Pfanne trocken rösten, bis sie anfangen zu duften. Sofort auf einem Teller abkühlen lassen. Pecorino reiben. Beides in einen kleinen Mixer oder einen Mörser füllen. Nach und nach das Olivenöl untermixen bzw. -rühren, bis ein sämiges Pesto entstanden ist. Mit Salz und Pfeffer würzen.

Kürbis entkernen, schälen und in ca. 3 x 3 cm große Würfel schneiden. 2 EL Olivenöl in einer Pfanne erhitzen und die Kürbiswürfel darin anbraten. Orangensaft angießen und den Kürbis 7–10 Minuten bei mittlerer Hitze abgedeckt weich schmoren.

Spaghetti in kochendem Salzwasser bissfest kochen und abgießen. Knoblauch schälen und mit den Rosmarinnadeln fein hacken. Nach ca. 5 Minuten zum Kürbis geben. Zum Schluss mit Chiliflocken, Salz und Pfeffer würzen.

Spaghetti mit dem Pesto mischen und auf Tellern anrichten. Den Kürbis darauf verteilen und mit Pecorino bestreuen.

Kürbis-Kartoffel-Püree

ZUBEREITUNG

Kartoffeln schälen, vierteln und in Salzwasser weich kochen. Knoblauchzehe schälen, fein hacken und mit Butter und Milch in einem Topf erwärmen, bis die Butter geschmolzen ist. Salbei und Rosmarin waschen und trocknen. Rosmarinnadeln abzupfen und beides fein hacken.

Die Kartoffeln abgießen und mit den restlichen Zutaten mischen. Mit einem Kartoffelstampfer alles zu einem sämigen Püree zerstampfen. Mit Salz und Pfeffer würzen.

ZUTATEN

450 g Kartoffeln

1 Knoblauchzehe

30 g Butter

150 ml Milch

6 Salbeiblätter

1 kleiner Rosmarinzweig

350 g Kürbispüree (dafür werden ca. 700 g Kürbis benötigt, Rezept S. 18)

Salz

frisch gemahlener schwarzer Pfeffer

Japanische Nudelsuppe mit Kürbis und scharfem Hackfleisch

ZUTATEN

gekörnte Dashibrühe (aus dem Asialaden oder online)

2–3 EL helle Misopaste

550 g Muskatkürbis

100 g frischer Blattspinat

200 g japanische Buchweizennudeln

2 Knoblauchzehen

50 g Ingwerwurzel

2 Frühlingszwiebeln

400 g Rinderhackfleisch

2 EL Öl

2 TL Sesamöl

1–2 TL Sambal Oelek

Zucker zum Abschmecken

Sojasauce zum Abschmecken

ZUBEREITUNG

Dashibrühe und Misopaste in 2 l Wasser auflösen und aufkochen. Mit etwas Zucker und Sojasauce abschmecken. Kürbis entkernen, in Spalten schneiden, schälen und in ca. 3 x 3 cm große Würfel schneiden. Spinat waschen, trocken schleudern, putzen und in breite Streifen schneiden.

Nudeln nach Packungsanweisung kochen und kalt abspülen. Knoblauch und Ingwer schälen und fein hacken. Frühlingszwiebeln waschen, trocknen und in feine Ringe schneiden. Die Kürbiswürfel 6–7 Minuten in der Brühe garen, dann herausheben.

Inzwischen das Hackfleisch in beiden Ölsorten unter ständigem Rühren 4–5 Minuten krümelig braten. Nach der Hälfte der Zeit Knoblauch, Ingwer und Sambal Oelek unterrühren und mit Sojasauce abschmecken.

Die Nudeln in tiefen Suppenschüsseln verteilen, dann den rohen Spinat, die Kürbiswürfel und das Hackfleisch. Mit der heißen Brühe auffüllen und mit Frühlingszwiebelringen bestreut servieren.

Paella mit Kürbis und Hähnchenschenkeln

ZUBEREITUNG

Kürbis entkernen, schälen und in ca. 3 x 3 cm große Würfel schneiden. Zwiebel schälen und fein würfeln. Paprika waschen, putzen und ebenfalls fein würfeln. Knoblauch schälen und in Scheiben schneiden. Speck grob würfeln. Hähnchenschenkel waschen und trocknen.

Etwas Olivenöl in einem flachen Bräter oder einer Pfanne mit Deckel erhitzen. Hähnchenschenkel darin rundherum knusprig anbraten und herausnehmen. Speck im heißen Fett auslassen, dann das Gemüse damit kurz anbraten. Reis und Paprikapulver unterrühren. Weißwein und Hühnerbrühe angießen, die Schenkel zurück in den Bräter legen und aufkochen lassen. Hitze reduzieren, abdecken und ca. 20 Minuten köcheln lassen. 5 Minuten vor Ende die Erbsen dazugeben.

Petersilie waschen, trocken schütteln und grob schneiden. Zitrone in sechs Spalten schneiden. Vor dem Servieren die Petersilie darüberstreuen und mit den Zitronenspalten belegen.

ZUTATEN

500 g Kürbis, z. B. Baby Baer oder Türkenturban

1 große rote Zwiebel

2 große Knoblauchzehen

1 Paprikaschote

100 g Speck am Stück

6 kleine Hähnchenschenkel

250 g Risotto- oder Milchreis

1 geh. TL geräuchertes Paprikapulver, alternativ rosenscharfes Paprikapulver

100 ml Weißwein

750 ml Hühnerbrühe

100 g TK-Erbsen

1 Bund Petersilie

1 unbehandelte Zitrone

Olivenöl zum Braten

Kürbisgnocchi

ZUTATEN

250 g Kürbispüree (dafür werden ca. 500 g
Kürbis benötigt, Rezept S. 18)

1 Eigelb

½ TL Salz

frisch geriebene Muskatnuss

Cayennepfeffer

200–250 g Weizenmehl (Type 405) zzgl.
etwas für die Arbeitsfläche

Salz

ZUBEREITUNG

Alle Zutaten bis auf das Mehl gut mischen. Dann so lange Mehl unterkneten, bis ein weicher, nicht zu klebriger Teig entstanden ist. In Folie wickeln und 15 Minuten kühlen.

Den Teig auf etwas Mehl erneut kurz durchkneten und längliche Rollen formen. Mit einem Messer in mundgerechte Stücke schneiden und diese mit den Händen zu länglichen Gnocchi formen.

In einem großen Topf Salzwasser aufkochen. Die Hitze reduzieren, bis das Wasser nur noch leicht simmert. Die Gnocchi portionsweise darin 3–5 Minuten gar kochen, bis sie alle oben schwimmen. Immer mal wieder am Topf rütteln, damit sie nicht am Boden festkleben. Gnocchi mit einer Schaumkelle aus dem Wasser heben und direkt mit Sauce, heißer Salbeibutter oder Pesto mischen.

Flatbread mit Kürbis und Ziegenkäse

ZUBEREITUNG

Petersilie waschen, trocken schütteln und mit den feinen Stielen fein hacken. Mehl in eine Schüssel oder auf eine Arbeitsplatte geben. Butter in kleinen Flöckchen daraufgeben und mit Salz, Zucker und Petersilie mit den Händen zu feinen Bröseln zerreiben. Mit dem Knethaken des Handrührgeräts Sahne und Buttermilch zügig unterkneten. Teig in Folie wickeln und 30 Minuten kühlen.

Den Backofen auf 250 °C vorheizen, dabei einen Pizzastein in der Mitte des Ofens mit vorheizen. Alternativ kann auch ein umgedrehtes Backblech verwendet werden.

Kürbis entkernen, waschen und in feine Spalten hobeln. Ziegenkäse in dünne Scheiben schneiden. Teig in zwei Portionen teilen und auf ein wenig Mehl sehr dünn ausrollen. Auf ein Backpapier legen und mit etwas Olivenöl bepinseln. Mit Kürbisspalten und Ziegenkäsescheiben belegen und mit Salz und Pfeffer würzen. Flatbread mit dem Backpapier auf den Stein bzw. das Blech geben. Ca. 12 Minuten knusprig braun backen, danach direkt das zweite Flatbread backen.

ZUTATEN

1 Bund Petersilie

250 g Weizenmehl (Type 405) zzgl. etwas für die Arbeitsfläche

50 g kalte Butter

1 ½ TL Salz

1 TL Zucker

100 g Sahne

130 ml Buttermilch

250 g Hokkaido

100 g Ziegenweichkäserolle

1–2 EL Olivenöl

Salz

frisch gemahlener schwarzer Pfeffer

Ofen-Butternut mit Kaffee-Chili-Butter

ZUTATEN

2 kleine Butternut-Kürbisse
(je 800–1200 g)

50 g Butter, zimmerwarm

1–2 Chilischoten

1 TL Kaffee- oder Espressopulver

1 TL fein abgeriebene Schale von 1 unbehandelten Zitrone

Salz

Tipp

Dazu passen Salat
und knuspriges Brot.
Als Beilage schmeckt der
Kürbis gut zu Steak und
anderem Fleisch.

ZUBEREITUNG

Den Backofen auf 180 °C (160 °C Umluft) vorheizen. Kürbis längs halbieren und entkernen. Ein Backblech mit Backpapier belegen und die Kürbishälften mit der Schnittfläche nach unten daraufsetzen. Im heißen Ofen 45–55 Minuten schmoren, bis der Kürbis weich ist.

Inzwischen die Butter in eine Schüssel geben und mit einer Gabel etwas cremig rühren. Chilischoten entkernen, waschen und fein hacken. Alle Zutaten mit der Butter mischen.

Das Backblech aus dem Ofen holen und die Kürbisse wenden. Fruchtfleisch mit einem scharfen Messer rautenförmig tief einschneiden. Die Butter daraufstreichen und kurz im Ofen schmelzen lassen. Den Kürbis heiß servieren.

Sticky Beef mit Kürbis- und Süßkartoffel-Pommes

ZUBEREITUNG

Den Backofen auf 230 °C (210 °C Umluft) vorheizen. Zwei Backbleche mit Back-papier auslegen. Kürbis waschen und entkernen. Süßkartoffeln gut waschen. Beides in kurze Spalten schneiden und in einer Schüssel mit kaltem Wasser 30 Minuten ziehen lassen. Dann sehr gut trocknen und in einer anderen Schüssel mit Stärke, Olivenöl und Salz gut vermischen. Gleichmäßig auf dem Backpapier verteilen und im heißen Ofen 10–15 Minuten rösten. Nach der Hälfte mit einem Kochlöffel alles durchrühren und erneut in den Ofen geben.

Währenddessen das Steak gegen die Faser in sehr dünne Streifen schneiden. Ingwer und Knoblauch schälen und beides fein reiben. Mit restlichen Zutaten bis auf das Öl zum Braten, Koriander und Erdnusskerne zu einer Paste mischen. Eine Pfanne stark erhitzen und das Fleisch im Öl knusprig anbraten, die Paste dazugeben und alles gut verrühren. Die Hitze ausschalten und das Fleisch kurz ziehen lassen.

Koriander waschen und trocken schütteln. Mit den feinen Stielen grob hacken. Erdnüsse ebenfalls grob hacken. Kürbis- und Süßkartoffel-Pommes mit den Steakstreifen anrichten und mit Koriander und Erdnüssen bestreuen.

ZUTATEN

500 g Hokkaido

300 g Süßkartoffeln

3 TL Speisestärke

3 EL Olivenöl

350 g Rib-Eye-Steak

15 g Ingwerwurzel

2 Knoblauchzehen

Saft und abgeriebene Schale von ½ unbe-handelten Limette

½ TL Sesamöl

½ TL Sambal Oelek

1 EL Sojasauce

1 EL Honig

1 EL brauner Zucker

¼ Bund Koriander

2 EL Erdnusskerne

Salz

Öl zum Braten

Kürbisrisotto

ZUTATEN

½ Zwiebel

3–4 EL Olivenöl

125 g Risottoreis

50 ml Weißwein

500 ml Hühnerbrühe

350 g aromatischer Kürbis, z. B. Muskat oder Butternut

1 Sardellenfilet in Öl

1 Knoblauchzehe

4–5 Salbeiblätter

20 g Gorgonzola

50 g Pinienkerne

25 g Parmesan

abgeriebene Schale von ½ unbehandelten Zitrone

Salz

frisch gemahlener schwarzer Pfeffer

ZUBEREITUNG

Zwiebel schälen, fein würfeln und in einem Topf in 1–2 EL Olivenöl glasig dünsten. Risotto einrühren und 1 Minute mitdünsten. Mit Weißwein ablöschen und einkochen lassen. Dann mit Hühnerbrühe auffüllen, bis der Risotto gerade bedeckt ist. Dabei rühren. Den Risotto nun immer wieder rühren und Brühe nachgießen, damit der Risotto stets bedeckt ist. Je mehr der Risotto gerührt wird, desto cremiger wird er. Der Risotto sollte am Ende weich sein, aber noch etwas Biss haben. Das dauert ca. 25 Minuten.

Inzwischen den Kürbis entkernen, schälen und ca. 2 x 2 cm klein würfeln. Sardellenfilet hacken. Knoblauch schälen und ebenfalls fein schneiden. Salbeiblätter waschen, trocknen und fein schneiden. Das Sardellenfilet in 1–2 EL Olivenöl andünsten. Den Kürbis zugeben und 6–8 Minuten mitdünsten. Nach der Hälfte der Zeit den Knoblauch zugeben. Zum Schluss den Salbei unterrühren.

Gorgonzola würfeln. Pinienkerne in einer Pfanne ohne Öl rösten, bis sie anfangen zu duften. Auf einem Teller abkühlen lassen. Parmesan reiben. Sobald der Risotto fertig gekocht ist, Gorgonzola, Parmesan und Zitronenschale unterrühren. Risotto und Kürbistopping mit Salz und Pfeffer würzen.

Risotto auf Teller anrichten, das Kürbistopping darauf verteilen und alles mit den gerösteten Pinienkernen bestreuen.

Spaghettikürbis mit Tomatenbröseln

ZUBEREITUNG

Den Backofen auf 180 °C (160 °C Umluft) vorheizen. Kürbis halbieren und entkernen. Ein Backblech mit Backpapier auslegen und den Kürbis mit der Schnittfläche nach unten darauflegen. Im heißen Ofen ca. 40 Minuten garen, bis er weich ist.

Inzwischen die Tomaten waschen und fein würfeln. Knoblauch schälen und hacken. Kapern ebenfalls hacken. Artischocken in grobe Stücke schneiden. Rosmarin waschen, trocken schütteln, Nadeln vom Stiel zupfen und fein schneiden. Sardelle ebenfalls fein schneiden.

Das Öl in einer Pfanne erhitzen, die Sardellenstücke darin langsam zerlassen. Semmelbrösel zugeben und unter Rühren anbräunen. Tomaten, Kapern, Knoblauch, Artischocken und Rosmarin zugeben und unter Rühren kurz anbraten. Mit Salz und Pfeffer würzen und vom Herd nehmen. Parmesan reiben.

Spaghettikürbis aus dem Ofen nehmen und das mürbe Fleisch mit einer Gabel zerzupfen. Er sieht nun aus wie kurze Spaghetti. Das Fleisch in der Schale lassen, mit dem Parmesan bestreuen und kurz untermischen. Dann mit der Bröselmischung und mehr Parmesan bestreuen. Auf zwei Tellern anrichten und warm genießen.

ZUTATEN

1 kleiner Spaghettikürbis (800–1200 g)

60 g getrocknete Tomaten in Öl, abgetropft

1 Knoblauchzehe

1 TL Kapern

100 g Artischocken in Öl, abgetropft

1 Rosmarinzweig

1 Sardellenfilet in Öl

4 EL Olivenöl

60 g Semmelbrösel

30 g Parmesan zzgl. etwas zum Bestreuen

Salz

frisch gemahlener schwarzer Pfeffer

Kürbis-Brotauflauf mit Shiitake-Pilzen

ZUTATEN

180 g Shiitake-Pilze oder Champignons

250 g Muskatkürbis

3 Knoblauchzehen

1 EL Öl

75 g Weißbrot

100 g Ricotta

30 g Bergkäse

4 Thymianstiele

120 ml Milch

2 Eier (Größe M)

abgeriebene Schale von ½ unbehandelten Zitrone

frisch geriebene Muskatnuss

Salz

frisch gemahlener schwarzer Pfeffer

Butter für die Form

ZUBEREITUNG

Pilze putzen und in Scheiben schneiden. Kürbis entkernen, schälen und in kleine Würfel schneiden. Knoblauch schälen und fein hacken. Pilze im heißen Öl knusprig anbraten, Kürbis dazugeben und 3–4 Minuten mitbraten. Knoblauch unterrühren und mit Salz und Pfeffer würzen. Pfanne vom Herd nehmen.

Weißbrot in ca. 3 x 3 cm große Würfel schneiden. Zwei kleine Auflaufformen einfetten. Ein Drittel der Brotwürfel einfüllen, die Hälfte der Pilz-Kürbis-Mischung und des Ricottas darauf verteilen. Die Schichten wiederholen. Den Käse reiben. Mit einer Schicht Brot und dem Käse abschließen.

Den Backofen auf 180 °C (160 °C Umluft) vorheizen. Thymianblättchen von den Stielen zupfen und mit Milch, Eiern und der Zitronenschale verrühren. Mit Salz, Pfeffer und Muskatnuss würzen. Die Mischung gleichmäßig über dem Brotauflauf verteilen. Für ca. 30 Minuten im heißen Ofen backen, bis der Käse goldbraun ist. Warm servieren.

Ofen-Kürbis-Salat

ZUBEREITUNG

Den Backofen auf 220 °C (200 °C Umluft) vorheizen. Kürbis entkernen und eventuell schälen. In schmale Spalten schneiden und auf einem mit Backpapier ausgelegten Backblech verteilen. Zwiebeln schälen, ebenfalls in Spalten schneiden und zum Kürbis geben. Das Gemüse mit 3–4 EL Olivenöl beträufeln, mit Salz und Pfeffer würzen und alles gut mischen. Im heißen Ofen ca. 30 Minuten backen. Herausnehmen und etwas abkühlen lassen.

Währenddessen die Pinienkerne in einer Pfanne trocken rösten, bis sie anfangen zu duften. Sofort auf einem Teller auskühlen lassen. Für die Sauce die Knoblauchzehe schälen, fein reiben und mit dem restlichen Olivenöl, Tahini, Zitronensaft und Joghurt verrühren. Mit Ras el-Hanout, Salz und Pfeffer würzen. Petersilie waschen, trocken schütteln und mit den feinen Stielen grob hacken. Die Orange filetieren.

Kürbis auf Tellern anrichten, mit Oliven und Orangen mischen. Die Sauce darüberträufeln und den Salat mit Pinienkernen und Petersilie bestreuen.

ZUTATEN

1,5 kg Kürbis, z. B. Hokkaido oder Butternut

3 rote Zwiebeln

50 ml Olivenöl

50 g Pinienkerne

1 Knoblauchzehe

4 EL Tahini (Sesampaste)

2 EL Zitronensaft

145 g griechischer Sahnejoghurt

1 Prise Ras el-Hanout

½ Bund Petersilie

1 Orange

4 EL entsteinte schwarze Oliven

Salz

frisch gemahlener schwarzer Pfeffer

Beluga-Linsen-Suppe mit Kürbis und Lachs

ZUTATEN

10 g getrocknete Steinpilze

1 Zwiebel

180 g Zucchini

2–3 EL Olivenöl

300 g Kartoffeln

250 g Belugalinsen

2 TL Kapern zzgl. etwas zum Bestreuen

900 ml Hühnerbrühe

550 g Kürbis, z. B. Muskat oder Butternut

1–2 Knoblauchzehen

Balsamicocreme

125 g Stremellachs

Salz

frisch gemahlener schwarzer Pfeffer

ZUBEREITUNG

Steinpilze mit 150 ml heißem Wasser übergießen und ziehen lassen. Zwiebel schälen und fein würfeln. Zucchini waschen, putzen und ebenfalls fein würfeln. Öl in einem großen Topf erhitzen, Zwiebel und Zucchini darin glasig andünsten.

Inzwischen die Kartoffeln schälen und in kleine Würfel schneiden. Belugalinsen in einem Sieb waschen und abtropfen lassen. Kartoffeln, Linsen, Steinpilze mit Sud und Kapern in den Topf geben und mit der Hühnerbrühe auffüllen. Abgedeckt bei kleiner Hitze ca. 30 Minuten köcheln lassen.

Kürbis entkernen, schälen und klein würfeln. Knoblauch schälen und fein hacken. Beides in den letzten 10 Minuten zur Suppe geben. Mit Salz, Pfeffer und Balsamicocreme abschmecken und in Suppenteller füllen. Den Stremellachs etwas zerzupfen, auf der Suppe anrichten und mit den restlichen Kapern bestreut warm servieren.

Kürbis-Hühnchen-Lasagne

ZUBEREITUNG

Hühnerbrust waschen und trocken tupfen. Das Olivenöl in einem Topf erhitzen und die Hühnerbrust darin rundherum goldbraun anbraten. Inzwischen Zwiebel und Knoblauch schälen und fein würfeln. Hühnerbrust aus dem Topf nehmen, Zwiebel und Knoblauch im restlichen Öl glasig anschwitzen. Tomatenmark und Oregano dazugeben, mit Hühnerbrühe und Dosentomaten auffüllen. Beide Dosen zur Hälfte mit Wasser füllen, ausschwenken und ebenfalls in den Topf gießen. Die Hühnerbrust hineinlegen und alles bei kleiner Hitze ca. 1 Stunde abgedeckt köcheln lassen.

Inzwischen den Backofen auf 180 °C (160 °C Umluft) vorheizen. In einem zweiten Topf die Butter schmelzen und das Mehl einrühren. Kurz unter Rühren anschwitzen. Jetzt nach und nach die Milch zugießen und immer weiterrühren. Die Sauce für weitere 2–3 Minuten unter Rühren köcheln lassen. Salbeiblätter waschen, trocken tupfen und fein hacken. Den Parmesan reiben. Salbei und 50 g Parmesan unter die Sauce rühren. Mit Salz, Pfeffer und Muskatnuss abschmecken. Kürbis entkernen, eventuell schälen und in ca. 2 x 2 cm große Stücke schneiden.

Hühnerbrust aus der Sauce heben und mit zwei Gabeln zerzupfen. Fleisch zurück in die Sauce geben und mit Salz, Pfeffer und Zucker abschmecken. Eine Auflaufform mit einer Lage Lasagneblätter auslegen. Darauf etwas Tomatensauce verteilen, dann einen Teil der Kürbisstücke daraufgeben und zum Schluss mit der Béchamelsauce abschließen. Wieder Lasagneblätter darauf verteilen und so weiterschichten, bis die Saucen und der Kürbis verbraucht sind. Mit der Béchamelsauce abschließen und mit dem restlichen Parmesan bestreuen.

Die Lasagne im vorgeheizten Ofen 35–45 Minuten goldbraun backen und heiß servieren.

ZUTATEN

400 g Hühnerbrustfilet

2 EL Olivenöl

1 Zwiebel

2 Knoblauchzehen

1 EL Tomatenmark

2 TL getrockneter Oregano

300 ml Hühnerbrühe

2 Dosen stückige Tomaten

100 g Butter

60 g Weizenmehl (Type 405)

850 ml Milch

4 Salbeiblätter

80 g Parmesan

½–¾ Pck. Lasagneblätter

700 g Kürbis, z. B. Hokkaido oder Gelber Zentner

frisch geriebene Muskatnuss

Zucker

Salz

frisch gemahlener schwarzer Pfeffer

Kürbis-Blumenkohl-Curry

ZUTATEN

800 ml Hühnerbrühe

1 EL rote Thai-Currypaste

3 Limettenblätter

1 Stängel Zitronengras

15 g Ingwerwurzel

2 Sternanise

550 g fester Kürbis, z. B. Hokkaido oder Gelber Zentner

½ Blumenkohl (ca. 550 g)

200 g Schlangenbohnen, alternativ Busch- oder Prinzessbohnen

400 ml Kokosmilch

Zucker

Saft von 1 Limette

Sojasauce

Fischsauce

Speisestärke nach Belieben

Koriander

Thai-Basilikum

ZUBEREITUNG

Die Hühnerbrühe aufkochen und die Thai-Currypaste darin auflösen. Limettenblätter und Zitronengras heiß waschen. Zitronengras mit dem Messerrücken etwas weich klopfen und in drei Stücke zerteilen. Ingwerwurzel schälen und in breite Scheiben schneiden. Alles mit den Sternanisen zur Brühe geben und 20 Minuten abgedeckt ziehen lassen.

Währenddessen den Kürbis entkernen, waschen bzw. schälen und in mundgerechte Stücke schneiden. Blumenkohl waschen, trocknen und in Röschen schneiden. Schlangenbohnen ebenfalls waschen und trocknen. Die Enden abschneiden und die Bohnen in 5–6 cm lange Stücke schneiden.

Limettenblätter, Zitronengras, Ingwer und Sternanise aus der Brühe nehmen. Kokosmilch einrühren und alles mit Zucker, Limettensaft, Soja- und Fischsauce kräftig abschmecken. Die Brühe erneut aufkochen und das Gemüse dazugeben. Alles offen für 8–10 Minuten köcheln lassen. Wer die Sauce cremiger mag, dickt sie mit Speisestärke, die mit etwas der Brühe angerührt wird, an. Koriander und Thai-Basilikum waschen, trocken schleudern und grob hacken.

Das Curry mit den Kräutern bestreuen und mit Jasminreis oder Mienudeln servieren.

Kürbissuppe mit Granatapfel, Fetakäse und Koriander

ZUBEREITUNG

Kürbis entkernen und schälen. Zwiebel schälen und zusammen mit dem Kürbis fein würfeln. Ingwer schälen und ebenfalls fein schneiden. Alles im Olivenöl glasig dünsten und mit der Hühnerbrühe auffüllen. Aufkochen lassen und dann bei kleiner Hitze 30 Minuten köcheln.

Währenddessen den Feta fein zerkrümeln. Koriander waschen, trocknen und mit den feinen Stielen grob hacken. Granatapfel aufbrechen und die Kerne herauslösen.

Die Suppe pürieren, Sahne unterrühren und mit Piment d'Espelette und Salz würzen. In Teller füllen und mit Feta, Koriander und Granatapfelkernen bestreut servieren.

ZUTATEN

800 g Muskatkürbis

1 Zwiebel

20 g Ingwerwurzel

1–2 EL Olivenöl

650 ml Hühnerbrühe

100 g Fetakäse

½ Bund Koriander

½ Granatapfel

200 g Sahne

Piment d'Espelette

Salz

Tropisches Kühlschrank-Porridge mit gebratenem Kürbis

ZUTATEN

50 g zarte Haferflocken

1 EL Chia-Samen

100 ml Kokosmilch

130 ml Orangensaft zzgl. 3 EL

1 kleine Prise Salz

100 g süßer Kürbis, z. B. Muskat oder Butternut

1 TL Kokosöl oder neutrales Öl

1 EL Honig

10 g Kokosraspel

½ Passionsfrucht

ZUBEREITUNG

Am Vorabend die Haferflocken mit den Chia-Samen in ein Einmachglas oder eine kleine Schüssel geben. Mit Kokosmilch und 130 ml Orangensaft auffüllen und Salz dazugeben. Das Einmachglas verschließen und gut durchschütteln, die Schüssel kurz durchrühren und abdecken. Porridge in den Kühlschrank stellen.

Am nächsten Morgen das Porridge aus dem Kühlschrank nehmen. Den Kürbis entkernen, schälen und in sehr kleine Stücke schneiden. Kokosöl in einer Pfanne erhitzen, den Kürbis dazugeben und mit 3 EL Orangensaft auffüllen. Abgedeckt für ca. 10 Minuten weich köcheln lassen. Mit Honig glasieren. Währenddessen Kokosraspel langsam goldbraun rösten und auf einem Teller abkühlen lassen.

Das Fruchtfleisch aus der Passionsfrucht kratzen. Mit Kürbisstücken und Kokosraspeln auf das Porridge geben und noch warm genießen.

Tipp

Wenn sich die Kokosmilch getrennt und feste Stückchen hat, kurz etwas erwärmen, das löst die Stückchen auf. Abkühlen lassen und dann mit den Haferflocken mischen.

Ofenhuhn mit Kürbis und Fenchel

ZUBEREITUNG

Den Backofen auf 180 °C (160 °C Umluft) vorheizen. Das Huhn kalt von innen und außen abspülen und trocken tupfen. Fenchelsaat im Mörser fein mahlen. Knoblauchzehe schälen und zusammen mit Paprikapulver, Salz und Pfeffer zum Fenchelpulver geben und zu einer Paste zerstoßen. Paste mit der Butter gut mischen.

Die Hühnerbrusthaut vorsichtig etwas lösen und einen Teil der weichen Butter darunter verteilen. Den Rest auf dem Huhn einmassieren. Die Orange heiß waschen und in Scheiben schneiden. Das Huhn mit den Orangenscheiben und dem Rosmarin füllen. Huhn in einen Bräter setzen und 70–90 Minuten im heißen Ofen braten.

Währenddessen den Kürbis entkernen, schälen und in mundgerechte Stücke schneiden. Fenchel waschen, trocknen, halbieren und den Strunk keilförmig entfernen. Fenchel ebenfalls in Stücke schneiden. 10–15 Minuten vor Ende der Garzeit das Gemüse mit dem Weißwein zum Huhn in den Bräter geben.

Nach Ende der Garzeit Huhn aus dem Ofen nehmen und 10 Minuten ruhen lassen. Gemüse auf Teller verteilen, das Huhn zerteilen und dazu anrichten. Die Bratensäfte darübergießen. Dazu passt knuspriges Weißbrot.

ZUTATEN

1 Ofenhuhn (ca. 1,4 kg)

2 EL Fenchelsaat

1 Knoblauchzehe

2 TL Paprikapulver

50 g weiche Butter

1 unbehandelte Orange

3 Rosmarinzweige

1 kg Kürbis, z. B. Muskat oder Butternut

500 g Fenchelknolle

100 ml Weißwein

Salz

frisch gemahlener schwarzer Pfeffer

Tipp

Tritt bei der Garprobe in der dicksten Stelle des Schenkels klare Flüssigkeit aus, ist das Huhn durchgegart.

Süßes zum Nachtisch

Brownies mit Kürbiscremefüllung

ZUTATEN

150 g Zartbitterschokolade

100 g Butter

120 g Zucker

3 Eier

½ TL Salz

90 g Weizenmehl (Type 405)

175 g Frischkäse

120 g Kürbispüree (dafür werden
250–300 g Kürbis benötigt, Rezept S. 18)

¼ TL gemahlener Kardamom

½ TL gemahlener Ingwer

¼ TL gemahlene Nelken

Butter für die Form

ZUBEREITUNG

Den Backofen auf 180 °C (160 °C Umluft) vorheizen. Die Schokolade fein hacken und mit der Butter in einem Wasserbad oder der Mikrowelle vorsichtig schmelzen. Mit Zucker, Eiern und Salz verrühren. Das Mehl langsam unterrühren

Frischkäse, Kürbispüree und Gewürze glatt verrühren. Eine Brownieform von ca. 20 x 20 cm oder eine kleine Springform von 24–26 cm Ø mit Butter einfetten. Drei Viertel der Schokoladenmasse einfüllen und glatt streichen. Die Kürbis-Frischkäse- und die restliche Schokoladenmasse esslöffelweise darauf verteilen und alles mit einer Gabel marmorieren.

Die Brownies im Ofen 30–35 Minuten backen, der Teig soll noch etwas cremig sein. Kurz abkühlen lassen, in Stücke schneiden und am besten noch leicht warm genießen.

Zartbitterpralinen mit Kürbisganache

ZUBEREITUNG

Weiße Schokolade fein hacken. Sahne und Butter in einem Topf schmelzen und vom Herd nehmen. Schokolade dazugeben und mit einem Schneebesen alles glatt rühren. Kürbispüree und Vanillemark einrühren. Sollte die Kürbisganache sehr flüssig sein, so lange kühl stellen, bis sie eine festere, aber noch spritzfähige Konsistenz hat.

Pralinenhohlkörper am besten in der Plastikaufbewahrung lassen. Die Kürbisganache in einen Spritzbeutel mit kleiner Tülle füllen und jeden Hohlkörper bis kurz unter den Rand möglichst luftdicht füllen.

Zartbitterschokolade fein hacken und drei Viertel davon in einer Schüssel im Wasserbad oder der Mikrowelle vorsichtig schmelzen. Die Schüssel aus dem Wasserbad nehmen und die restliche Schokolade unterrühren. Etwas in einen kleinen Spritzbeutel füllen und die Pralinenhohlkörper damit verschließen.

Sobald die Schokolade fest geworden ist, die Pralinen mit einer Pralinengabel oder einem kleinen Löffel in die restliche flüssige Schokolade tauchen. Etwas abtropfen lassen, auf Backpapier setzen und mit einem Kürbiskern verzieren. Pralinen kühl lagern und innerhalb von 1 Woche verzehren.

ZUTATEN

200 g weiße Schokolade

50 g Sahne

30 g Butter

120 g Kürbispüree (dafür werden 250–300 g Kürbis benötigt, Rezept S. 18)

Mark von 1 Vanilleschote

42 Zartbitterpralinenhohlkörper

200–250 g Zartbitterschokolade

42 Kürbiskerne

Kürbiskern-Haferflocken-Kekse

ZUTATEN

200 g Butter, zimmerwarm

160 g Zucker

1 Ei

60 g Kürbiskerne

200 g zarte Haferflocken

100 g Weizenmehl (Type 405)

40 g Kokosraspel

2 gestr. TL Backpulver

ZUBEREITUNG

Den Backofen auf 180 °C (160 °C Umluft) vorheizen. Butter und Zucker mit den Quirlen eines Handrührgerätes 3–4 Minuten cremig aufschlagen, dann das Ei unterrühren. Kürbiskerne hacken. Restliche Zutaten mit den Kürbiskernen mischen und unter die Buttermasse rühren.

Zwei Backbleche mit Backpapier auslegen. Den Teig mit zwei Teelöffeln in kleinen Häufchen auf dem Backpapier verteilen, dabei ausreichend Abstand lassen. Die Kekse nacheinander oder bei Umluft gleichzeitig für 10–12 Minuten goldgelb backen. Auf einem Rost abkühlen lassen. Am besten in einer Keksdose aufbewahren.

Süßer Kürbisauflauf mit Walnüssen

ZUBEREITUNG

Den Backofen auf 180 °C (160 °C Umluft) vorheizen. Eine kleine Auflauf- oder Brownieform von ca. 20 x 20 cm einfetten. Mehl, Backpulver, 150 g Zucker und Gewürze mischen. Die Vanilleschote längs aufschneiden und das Mark herauskratzen. Vanillemark, Kürbispüree, Milch und Öl ebenfalls mischen. Trockene Mischung nach und nach unter die flüssige Mischung rühren, bis ein glatter Teig entstanden ist.

Den Teig in die Auflaufform füllen und glatt verstreichen. 400 ml Wasser aufkochen. Restlichen Zucker und die Walnüsse gleichmäßig über den Teig streuen. Das kochende Wasser in die Auflaufform gießen, nicht rühren. Form in den heißen Ofen stellen und ca. 40 Minuten backen. Den Auflauf warm servieren.

ZUTATEN

200 g Weizenmehl (Type 405)

2 TL Backpulver

300 g Zucker

1 TL gemahlener Zimt

1 TL gemahlener Ingwer

1 TL fein abgeriebene Schale von 1 unbehandelten Orange

¼ TL Salz

1 Vanilleschote

150 g Kürbispüree (dafür werden ca. 300 g Kürbis benötigt, Rezept S. 18)

50 ml Milch

40 ml neutrales Pflanzenöl

100 g Walnusskerne

Butter für die Form

Tipp
Dazu passt Joghurteis oder Fruchtsorbet.

Kürbis-Lavendel-Biskuitrolle mit Frischkäse-Limetten-Creme

ZUTATEN

½ Vanilleschote

1 TL Lavendelblüten

100 g Weizenmehl (Type 405)

1 TL Backpulver

½ TL gemahlene Nelken

3 Eier

200 g Zucker zzgl. etwas zum Bestreuen

1 Prise Salz

150 g Kürbispüree (dafür werden ca. 300 g Kürbis benötigt, Rezept S. 18)

260 g Frischkäse, Doppelrahmstufe

100 g Puderzucker zzgl. etwas zum Bestäuben

abgeriebene Schale von 1 unbehandelten Limette

ZUBEREITUNG

Den Backofen auf 200 °C (180 °C Umluft) vorheizen. Ein Backblech mit Backpapier auslegen und eventuell die Seiten des Blechs einfetten.

Die Vanilleschote halbieren und das Mark auskratzen. Lavendelblüten fein hacken. Vanillemark und Lavendelblüten mit Mehl, Backpulver und Nelken mischen. Eier mit Zucker und Salz 8–10 Minuten hell-cremig aufschlagen. Zuerst das Kürbispüree und dann die Mehlmischung mit einem Schneebesen vorsichtig unterheben. Den Biskuitteig gleichmäßig auf dem Backblech verteilen und 12–14 Minuten goldgelb backen.

Ein sauberes Küchentuch dünn, aber gleichmäßig mit Zucker bestreuen. Ist das Biskuit fertig gebacken, sofort mit der Teigseite nach unten auf das Küchentuch legen und vorsichtig das Backpapier abziehen. Mithilfe des Küchentuchs den Teig von der kurzen Seite her aufrollen und auskühlen lassen.

Inzwischen den Frischkäse mit Puderzucker und Limettenschale cremig verrühren. Ist der Teig ausgekühlt, entrollen und gleichmäßig mit der Creme bestreichen. Dann erneut möglichst eng aufrollen. Für mindestens 1 Stunde kühlen. Mit Puderzucker bestäuben und in Stücke geschnitten servieren.

Kürbis-Teekuchen

ZUBEREITUNG

Den Backofen auf 180 °C (160 °C Umluft) vorheizen. Kürbispüree, Öl, Espresso und Eier gut verrühren. Die restlichen Zutaten ebenfalls gut mischen. Beides miteinander vermischen und zu einem glatten Teig rühren. Eine Kastenform von 30 cm Länge mit Butter einfetten. Den Teig einfüllen und im heißen Ofen 55–65 Minuten backen.

Mit einem Holzstäbchen testen, ob der Teig durchgebacken ist. Kurz abkühlen lassen, dann aus der Form lösen und auf einem Rost vollständig auskühlen lassen. Mit Puderzucker bestäubt servieren.

ZUTATEN

400 g Kürbispüree (dafür werden ca. 800 g Kürbis benötigt, Rezept S. 18)

220 ml neutrales Pflanzenöl

180 ml gekochter Espresso, alternativ starker Kaffee

4 Eier (Größe M)

400 g Zucker

480 g Weizenmehl (Type 405)

2 TL Backpulver

1 TL gemahlener Ingwer

½ TL gemahlener Piment

½ TL gemahlener Zimt

1 TL abgeriebene Schale von 1 unbehandelten Zitrone

½ TL Salz

Butter für die Form

Puderzucker zum Bestäuben

Kürbis-Cheesecake

ZUTATEN

230 g kernige Vollkornkekse
(z. B. Hobbits)

120 g Butter

½ TL gemahlener Kardamom

1 TL gemahlener Ingwer

350 g Frischkäse, Doppelrahmstufe

100 g Zucker

2 EL Sahne

1 Ei

250 g Kürbispüree (dafür werden ca. 500 g
Kürbis benötigt, Rezept S. 18)

¼ TL gemahlener Zimt

ZUBEREITUNG

Den Backofen auf 180 °C (160 °C Umluft) vorheizen. Die Kekse in einen Gefrier-beutel geben und mit einem Nudelholz oder einem Topfboden fein zerkrümeln. Die Butter schmelzen. Beides mit den Gewürzen mischen. Eine Springform von 24–26 cm Ø mit Backpapier auslegen und die Keksbröselmischung darauf ver-teilen. Mit einem Löffel fest andrücken, dabei einen kleinen Rand formen. Die Backform in den Kühlschrank stellen.

Für die Creme Frischkäse, Zucker, Sahne und das Ei glatt verrühren. Ein Drittel der Mischung mit Kürbispüree und Zimt mischen. Die Kuchenform aus dem Kühlschrank nehmen und die Frischkäsemasse auf dem Boden verteilen. Dann die Kürbismasse daraufgeben und alles mit einer Gabel leicht marmorieren. Kuchen im heißen Ofen 45–55 Minuten backen und dann auf einem Rost aus-kühlen lassen.

Tipp
Gekühlt schmeckt der Cheesecake auch sehr gut.

Kürbismuffins

ZUBEREITUNG

Den Backofen auf 180 °C (160 °C Umluft) vorheizen. Alle Zutaten in einer Schüssel mit einem Schneebesen gerade so lange verrühren, bis ein glatter Teig entstanden ist. Nicht zu lange rühren, sonst wird der Teig zäh. Eine Muffinform mit Papier-Muffinförmchen auslegen und den Teig in die Förmchen füllen. Das geht sehr gleichmäßig mit einem Eisportionierer oder auch mit zwei Esslöffeln.

Die Muffins im heißen Ofen ca. 30 Minuten backen. Am besten mit einem Zahnstocher die Stäbchenprobe machen: Bleibt nichts daran haften, sind die Muffins durchgebacken. Muffins aus der Form nehmen und auf einem Rost abkühlen lassen. Mit etwas Kakao bestreuen.

ZUTATEN

200 g Kürbispüree (dafür werden ca. 400 g Kürbis benötigt, Rezept S. 18)

75 g backfeste Schokotropfen

100 ml Pflanzenöl

120 g feiner Rohrohrzucker

80 ml Milch

150 g Weizenmehl (Type 405)

1 ½ TL Backpulver

½ TL gemahlener Zimt

Mark von ½ Vanilleschote

½ TL Salz

Kakao zum Bestäuben

Kürbis-Cranberry-Müsli

ZUTATEN

100 g Walnusskerne

250 g zarte Haferflocken

25 g Leinsamen

1 TL gemahlener Zimt

¼ TL gemahlener Kardamom

50 ml neutrales Pflanzenöl oder Kokosöl

75 g flüssiger Honig

100 g Kürbispüree (dafür werden ca. 200 g Kürbis benötigt, Rezept S. 18)

100 g getrocknete Cranberries

ZUBEREITUNG

Den Backofen auf 180 °C (160 °C Umluft) vorheizen. Ein Backblech mit Backpapier auslegen.

Die Walnüsse grob hacken. Alle Zutaten bis auf die Cranberries in einer Schüssel mischen und auf dem Backblech gleichmäßig verteilen. Im heißen Ofen ca. 20 Minuten backen, nach der Hälfte der Backzeit einmal durchmischen. Gegen Ende aufpassen, dass das Müsli nicht zu dunkel wird.

Das Backpapier sofort vom Blech nehmen, die Cranberries untermischen und das Müsli vollständig auskühlen lassen. In einem luftdichten Behältnis aufbewahren und mit Milch oder Joghurt genießen.

Rezepte

FÜR DEN KLEINEN HUNGER

HAUPTGERICHTE, DIE SATT UND GLÜCKLICH MACHEN

SÜSSES ZUM NACHTISCH

Register

Impressum

© 2016 Fackelträger Verlag GmbH, Köln
Emil-Hoffmann-Straße 1
D-50996 Köln

Rezepte: Anna Walz
Foodstyling: Petra Wegler
Fotos: Salz-Zucker-Limette, Manuela Rüther, Köln
Layout, Umschlaggestaltung und Satz: nimatypografik, Nicole Laka, Buchholz i.d. Nordheide
Redaktion und Lektorat: Svenja K. Sammet
Gesamtherstellung: Fackelträger Verlag GmbH, Köln

ISBN 978-3-7716-4666-0
Printed in Poland

www.fackeltraeger-verlag.de